AF498290

ÉTUDE BIOGRAPHIQUE

SUR

CHARLES XIV, ROI DE SUÈDE.

(BERNADOTTE.)

Au moment où la presse entière s'occupe de la mort du doyen des rois de l'Europe, nous croyons faire plaisir à nos lecteurs en leur rappelant les principales actions de Bernadotte, de cet homme qui, de simple soldat, s'est élevé jusqu'au trône de Suède. Peu de vies ont été aussi agitées ; il y a loin, en effet, du berceau au luxe de la tombe. Fils d'un avocat de Pau , Bernadotte (Jean-Baptiste-Jules) naquit dans cette ville le 26 janvier 1764; son père le destinait à suivre la même carrière que lui, mais l'âme franche et le noble caractère du jeune homme ne comprenaient rien à ces règles de chicane: ce qu'il voulait , c'était l'agitation des camps, la gloire qu'on remporte sur le champ de bataille. Cependant le moment n'était pas favorable pour s'enrôler sous les drapeaux, les nobles remplissaient les grades militaires, et nommé adjudant le jeune plébéien ne pouvait plus espérer avancer : c'était là son bâton de maréchal de France.

On voudrait croire que les grands hommes ont la conscience de ce qu'ils vaudront un jour et que les difficultés qui arrêtent leurs premiers pas ne servent qu'à les animer encore plus. Quoi qu'il en

soit, le jeune Bernadotte s'enfuit un soir de chez lui, et sans en
avoir prévenu son père, sans avoir donné le baiser d'adieu à sa
mère, il signa un engagement dans le régiment de royale marine,
et un maire complaisant d'une commune voisine voulut bien
ratifier cet acte. Ces choses se passaient en 1780, neuf ans après,
Bernadotte n'était encore que sergent; mais dès lors son avance-
ment fut rapide et en 1792 il fut promu au grade de colonel.

L'armée avait alors perdu ses chefs, ils avaient quitté le terri-
toire français et, non contens de cette émigration, ils avaient
pris les armes contre la république; des jeunes gens sans expé-
rience, sans instruction militaires, souvent mal armés et mal
équipés, arrachés à leurs familles : tels étaient les défenseurs que
le comité de salut public avait chargés de protéger les frontières.
Mais si ces soldats improvisés, pleins du courage naturel aux
Français ne craignaient pas la mort, et se précipitaient sur l'ennemi sans se laisser effrayer par les cris des mourans, ni le bruit
de l'artillerie, ils n'avaient non plus nul respect pour les chefs,
et souvent des dénonciations, des calomnies inventées par de
basses jalousies arrachaient les généraux à la victoire pour
les jeter dans les cachots révolutionnaires. C'est au milieu
de cette armée si mal organisée que Bernadotte qui venait d'être
promu au grade de colonel, ainsi que nous l'avons dit plus haut,
fit sa première campagne sous Custine. Il ne tarda point à
s'illustrer par des hauts faits qui lui acquirent une juste réputation en même temps que la haine des représentans. Souvent, en
effet, il eut à lutter contre eux, leur prouva leur ineptie, puis
arrachant ses épaulettes, il ne demandait que le mousquet d'un soldat et la permission de verser son sang pour la défense de la France.
La brigade Goguel s'était révoltée contre le général de ce nom,
déjà elle s'était emparée de lui et allait l'immoler; Bernadotte à cette
vue arrête du geste et de la voix ces révoltés, s'élance au milieu
d'eux et leur arrache leur chef à moitié mort. Mais cette noble
conduite a déplu aux représentans, ils ont dénoncé Bernadotte
comme aristocrate et attendent que le comité ait lancé contre lui un
mandat d'amener. Heureusement un vif combat s'engage entre

les Français et les ennemis, Bernadotte s'y couvre de gloire et le représentant n'ose arrêter le jeune vainqueur. Le comité de salut public remplaça l'ordre d'arrestation par un brevet de général de division. Mais Bernadotte refusa, ce ne fut qu'après avoir puissamment contribué à la bataille de Fleurus qu'il consentit à accepter les épaulettes de général de brigade qu'on lui donna sur le champ même de ses exploits.

Cependant la république finit par se consolider, et les généraux n'eurent plus à lutter que contre les ennemis du dehors. Bernadotte poursuivait sa glorieuse carrière, il passait le Rhin, luttait pendant trois semaines contre l'ennemi, et méritait par sa bravoure les éloges du directoire. Peu après il fut détaché avec un corps de 20,000 hommes à l'armée d'Italie. Alors commence la carrière politique de Bernadotte, il est sous les ordres de Bonaparte, mais l'amitié n'unira point ces généraux, le Béarnais a deviné la profonde ambition de son chef, et, lui, attaché de cœur à la république, déplore une ruine qu'il regarde comme imminente et certaine. Quoi qu'il en soit, Bonaparte qui, mieux qu'aucun autre, savait rendre justice au talent militaire, avait confié le commandement de l'avant-garde à Bernadotte. Il n'entre pas dans cette courte notice de parler des savantes manœuvres de ce général, des brillants faits d'armes qui amenèrent et augmentèrent sa réputation, des avantages nombreux qu'il remporta. Vainqueur en maints endroits, Bernadotte, après avoir serré de près le prince Charles et lui avoir enlevé la forteresse de Gradisca, se vit chargé par le directoire d'instructions verbales pour le général en chef, et le traité de Campo-Formio se signa peu après.

Des dissensions dont on connaît mal la cause ne tardèrent pas à désunir les généraux Bonaparte et Bernadotte; celui-ci même se démit du commandement que lui avait confié en Italie le directoire et demanda du service en Inde, en Portugal, en un mot il voulait s'éloigner du général Bonaparte : dans le cas où on lui refuserait sa demande, il menaçait de prendre sa retraite. Mais à cette époque le directoire commençait à se fatiguer de la domination de Bonaparte, il prévoyait vaguement que l'ambition de ce chef 'e pousserait à renverser la république, et il fut bien aise de voir éclater des divisions entre lui et Bernadotte.

Il n'entre pas non plus dans notre cadre de retracer les ennuis de Bernadotte, les dégoûts dont on l'abreuva pendant son ambassade à Vienne où il avait été nommé au mois d'avril 1798. Plusieurs auteurs accusent Bonaparte de ne pas y être étranger, ce chef voulait à toute force la guerre, il savait que dès lors qu'on n'aurait plus eu besoin de ses services militaires on l'aurait facilement oublié. Quoi qu'il en soit, Bernadotte à son retour en France, obligé de prendre quelques instans de repos pour se remettre de ses nombreuses fatigues et guérir sa santé délabrée, épousa mademoiselle Désirée Clary, fille d'un riche négociant de Marseille.

Napoléon Bonaparte l'avait demandée en mariage quelques années auparavant lorsqu'il n'était encore que général d'artillerie, et n'avait pu l'obtenir. M. Clary, au dire de quelques biographes, aurait prétendu qu'il avait assez d'un Bonaparte dans sa famille; il avait en effet marié son autre fille à Joseph Bonaparte. Mademoiselle Clary était simple, bonne et spirituelle, et Bernadotte passa près d'elle des moments heureux, mais sa gloire était trop grande pour qu'il pût rester long-temps inactif, et il fut appelé au ministère de la guerre : la garde nationale réorganisée, une remonte de 40,000 chevaux, les frontières renforcées de 100,000 hommes de nouvelle levée : tels furent les heureux résultats de la courte administration de Bernadotte. Mais la république touchait a sa fin, et bientôt Sieyès pouvait s'écrier avec raison que la France avait trouvé un maître.

Bernadotte lutta jusqu'au dernier moment contre l'ambition de Bonaparte ; mais lorsqu'il vit le directoire renversé, il céda aussi et remplit avec sagesse les nouvelles fonctions qui venaient de lui être confiées. C'est surtout comme commandant général dans l'ouest que Bernadotte mérite d'être étudié : tour à tour guerrier s'opposant aux Anglais, pacificateur et prévenant le retour de la guerre civile, il triomphe à Quiberon et assure, par un seule victoire, cette province contre les invasions de l'ennemi et contre les révoltes des habitans. Dès lors Bonaparte ne crut pouvoir mieux faire que de combler de faveurs un général aussi illustre et de l'attacher ainsi à sa fortune. Bernadotte se vit successivement nommer maréchal de l'empire, dès la création de cette dignité (19 mai 1804), chef de la huitième cohorte de la légion d'honneur et gouverneur du Hanovre.

La nomination de Bernadotte avait un double but : elle éloignait un homme qui depuis longtemps s'était fait chérir de l'armée et dont l'âme républicaine n'avait pu encore se soumettre au despotisme impérial; de plus elle employait les talens d'un grand pacificateur dans un pays presque ruiné par les guerres. Bernadotte s'éloigna sans regret, car il désespérait de la France qui, selon lui, ne pouvait vivre que sous l'ère glorieuse de la république. Cependant son administration du Hanovre porta les plus heureux fruits pour l'empire, et lors de son appel pour la mémorable campagne de 1805, Napoléon donna à Bernadotte le commandement du premier corps de la *grande armée* qui était composé des troupes Hanovriennes. Déjà elles avaient signalé leur bravoure, car Bernadotte à leur tête avait rétabli l'électeur de Bavière dans sa capitale et contribué à la prise d'Ulm en tenant trois jours entiers les Russes en échec. Lors de la célèbre bataille d'Austerlitz, un des plus brillans faits d'armes du xixe siècle, ce maréchal se signala de nouveau, et on lui accorde généralement une grande partie de cette victoire; il fut récompensé de sa bravoure par la souveraineté et les titres de duc et de prince de Ponte-Corvo que lui conféra l'empereur.

Pour suivre Bernadotte dans toutes les victoires qu'il remporta, il faudrait faire l'histoire de l'empire Français, de cette époque si fertile en actions d'éclat; en effet on le retrouve sur tous les champs de bataille, partout où il y a du danger à courir et de la gloire à remporter, vainqueur à Schleitz où il battit l'avant-garde de l'armée Prussienne, le prince de Ponte-Corvo s'attacha à ce corps, le pressa vivement, et après lui avoir inutilement offert plusieurs fois le combat, il l'atteignit enfin à Lubeck. Peu de faits d'armes furent aussi remarquables : onze généraux à la tête desquels étaient le maréchal Blucher et le prince de Brunswick, et douze mille hommes restèrent au pouvoir des Français. En Pologne, Bernadotte triompha des Russes dans un brillant combat livré près de Morungen le 25 janvier 1807. Une blessure arrêta le cours de ses succès et le força de prendre quelques instans de repos.

La paix de Tilsitt qui avait mis fin à cette campagne ne fut pas de longue durée, et Bernadotte à peine remis de sa blessure reçut l'ordre de prendre le gouvernement des villes Anséatiques. Rappelé en Allemagne en 1808, il commanda l'armée alliée Française, Espagnole et Hollandaise, et se signala par de nombreuses actions d'éclat, en même temps qu'il faisait chérir son pouvoir aux soldats qui lui étaient soumis. Dans la campagne de 1809, à la tête du 9ᵉ corps de l'armée, il obtint plusieurs avantages sur les Autrichiens et se signala surtout en avant du pont de Lintz; il opéra ensuite sa jonction avec *la grande armée*. Le 6 juillet, Bernadotte prit part à la bataille de Wagram, où il commandait l'aile gauche avec Masséna, à la tête des troupes Saxonnes (c'est de ce côté qu'eut lieu l'attaque la plus vive); en vain Bernadotte fit des prodiges de valeur, ses troupes écrasées par le nombre reculèrent en désordre ; en vain il voulut les arrêter, lui-même il se vit enveloppé et ne parvint à se dégager que par une présence d'esprit et une hardiesse qui auraient suffi pour assurer par ce seul fait sa réputation militaire. Le soir, la victoire était gagnée, mais les Saxons que commandait Bernadotte étaient restés en grand nombre sur le champ de bataille, ils avaient ainsi lavé la honte d'un moment de crainte. Le prince de Ponte-Corvo, furieux de n'avoir pas été soutenu, cria à la trahison, il se plaignit qu'on l'eût abandonné et qu'on eût sacrifié ses soldats; il offrit sa démission, et Bonaparte en l'acceptant paraît justifier les reproches qui lui furent adressées dans la suite.

Mais la réputation de Bernadotte était trop grande pour qu'il pût rester longtemps inactif; il était à peine depuis vingt jours à Paris que le ministère le chargeait de repousser une invasion des Anglais dans l'île de Walcheren; il se rendit aussitôt à Anvers; Napoléon ratifia plus tard ce choix. Il ne fallait rien moins que l'activité du prince de Ponte-Corvo pour organiser la défense, les travaux de fortification étaient à peine commencés, les arsenaux n'avaient ni poudre ni artillerie, et les troupes Françaises étaient obligées de vivre de pillage comme dans un pays ennemi. Bernadotte ne se laissa point effrayer de ce dénuement, son excessive activité triompha de ce qui lui manquait, et chaque jour voyait s'élever de nouveaux forts ou s'établir de nouvelles batteries. La ruine de l'île de Walcheren fut le seul avantage que retira le général Anglais, qui avait perdu plus de quatorze mille hommes. Cette campagne, qui se termina presque sans combat, avait été plus funeste à l'armée anglaise que si elle eût éprouvé de grands revers. Le prince de Ponte-Corvo, de retour à Paris, reçut la décoration de l'ordre de St-Henri de Saxe.

Cependant la bonne intelligence ne régna pas longtemps entre Napoléon et le prince de Ponte-Corvo; l'empereur lui reprochait d'avoir, dans une proclamation aux troupes, outrepassé son pouvoir; il allait même jusqu'à lui défendre l'entrée de Paris. Bernadotte se démit de ses honneurs, de ses dignités, de ses titres, puis il refusa de se soumettre à des injonctions aussi arbitraires. Le ministre craignant avec raison une guerre civile dont le chef aurait été un homme aussi influent, modifia l'ordre de l'empereur et se contenta d'écrire au prince de Ponte-Corvo qu'il eût à se rendre à l'armée d'Allemagne dans le plus bref délai ; on ménagea entre eux une entrevue qui eut lieu à Schœnbrunn ; Napoléon parut avoir oublié les torts qu'il reprochait à son maréchal, et lui donna même le gouvernement général de Rome ; mais Bernadotte ne l'accepta qu'après de nombreuses hésitations.

Une révolution avait eu lieu en Suède, et Gustave IV avait succédé à Charles XIII qui était descendu du trône sans secousses violentes. Ce roi était vieux, et sa mort ne tarda guères à laisser vacant le trône de ce pays. Dans les circonstances présentes il fallait un homme ferme, capable de saisir le gouvernement d'une main sûre, d'imposer aux ennemis du dehors et de réprimer les révoltes intérieures. Les suffrages des Suédois se portèrent sur Bernadotte et des députés vinrent lui offrir à Paris le titre de prince royal de Suède. Après la prise de Lubeck, Bernadotte, ayant vaincu et enveloppé un corps nombreux de Suédois, s'était contenté de leur

faire déposer les armes, il avait même admis les principaux chefs
à sa table et avait eu pour eux tous les égards possibles. Cette
modération lui avait attiré un grand nombre de partisans. Napoléon, qui ne devait sa fortune qu'à l'élection populaire, ne pouvait
s'opposer à ce qu'un peuple choisît un de ses généraux pour roi.
On ne peut nier cependant que ce choix ne le contrariât vivement;
il aurait préféré tout autre chef, car il savait qu'il y avait, entre
lui et celui que les Suédois voulaient pour prince héréditaire, la haine du directoire dont Bernadotte s'était toujours
montré le plus ferme soutien : que nos destinées s'accomplissent,
dit-il enfin avec regret, et Bernadotte se vit unanimement salué
» prince héréditaire de Suède, pour, après le décès du roi actuel,
» régner sur la Suède et les pays qui en dépendent, être couronné
» roi de Suède et recevoir le serment de fidélité ; enfin gouverner
» le royaume suivant le sens littéral de la constitution du 6 juin
· 1809. »

Cependant Bernadotte parut vouloir rester fidèle allié de la France
même au détriment de la Suède, Napoléon lui ayant donné l'ordre
de rompre tout commerce avec l'Angleterre, le prince héréditaire
obéit, quoiqu'il sût bien que la Suède ne pouvait se suffire à elle-
même. Défense fut faite de faire aucun commerce avec l'Angleterre
et les marchandises saisies devaient être confisquées. C'était là un
ordre illusoire que le gouvernement ne pouvait ni ne voulait mettre
en exécution, la fraude remplaça le commerce et rien ne fut changé
dans l'état. Napoléon se croyant le jouet de son ancien lieutenant,
se fâcha. Bernadotte de son côté souffrait avec peine le ton d'arro-
gance avec lequel l'empereur lui dictait des ordres. D'ailleurs l'in-
térêt de son pays s'opposait à une soumission aveugle à la France ;
des notes pleines d'aigreur furent échangées et enfin Bonaparte
donna à ses troupes l'ordre d'envahir la Pomeranie et l'île de
Rugen. C'était l'époque où la France portait ses armes victorieuses
jusque sur les glaces de la Russie, où Napoléon, qu'aveuglait sa
puissance, paraissait négliger tous les moyens d'assurer son triomphe. La Suède mécontente de la conduite de l'empereur se détacha
de son alliance, et la Russie profita de ces semences de discorde ;

elle offrit à ce pays la Norvège qu'il avait si longtemps ambitionnée, et Bernadotte après bien des hésitations et des regrets signa le traité de St-Pétesbourg, 24 mars 1812, et dès lors, chef de l'armée confédérée, il fut forcé de porter les armes contre ses anciens compagnons.

Une fois lancé dans cette voie, Bernadotte marcha vite, trop vite pour sa réputation dès lors entachée de trahison. Il était poussé pour ainsi dire, par une force dont il ne se rendait pas compte, car il savait que chacune de ses victoires était non seulement une tache à sa gloire, mais encore un coup porté à l'individualité de son pays adoptif; il comprenait que pour la liberté de la Suède il eût fallu opposer la puissance de la France à la grandeur envahissante de la Russie, mais il ne pouvait ou, pour mieux dire, il n'osait changer de conduite, revenir sur une décision qu'il avait peut-être conseillée dans un moment de dépit, et il voulut cacher, sous de nombreux lauriers, son ingratitude à l'égard de la France. Un de ses plus brillans faits d'armes fut la bataille de Leipzik, où il décida la victoire et força ainsi Napoléon de repasser le Rhin. En vain les panégyristes de Bernadotte prétendent qu'il fit tous ses efforts pour adoucir les dures conditions présentées à l'empereur; en vain disent-ils que toute l'année 1814, l'armée Suédoise se renferma dans une neutralité inoffensive, les notes diplomatiques prouvent que Bernadotte excita au contraire les confédérés et qu'il ne voulait rien moins que la prompte abdication de l'empereur. Ce fait restera comme une tache ineffaçable à la mémoire du soldat couronné.

Quand Bernadotte eut vu l'envahissement de la France, il se prit à déplorer le sort de cet illustre empereur, qui naguères encore voyait tous les rois de l'Europe à ses pieds et à qui l'on ne donnait qu'une île pauvre et sans ressources. Dès lors il ne parut plus s'occuper de la guerre Européenne. En vain Napoléon remonta sur le trône impérial, et vit de nouveau les rois se liguer contre lui, Bernadotte, cette fois resta neutre et on ne peut lui reprocher d'avoir contribué à nos désastres de Waterloo. Bien plus, quand les Bourbons furent rétablis, il ouvrit sa cour aux exilés Français et leur offrit un sûr asile. Dès ce moment il tourna ses armes contre la Norwège que la Russie lui avait abandonnée et qui refusait de reconnaître son pouvoir. A la mort de Charles XIII, 5 février 1818, les Suédois reconnaissans le proclamèrent roi de Suède et de Norwége sous le nom de Charles XIV.

Dès lors ce règne s'écoule paisiblement, sans faits importants, sans aucun évènement digne d'être noté. Bernadotte s'entoure de Français, avec eux il parle de son pays, regrette les évènemens de 1813, et déplore l'aveugle ambition de l'empereur. Mais il a soin de ménager l'orgueil hautain des Suédois et son amour pour ses compatriotes ne le porte pas à leur confier les premières places de son royaume. Car quoiqu'on en dise, c'est un pays difficile à gouverner que la Suède, et on en aurait une fausse idée si l'on prenait au bond ses institutions républicaines qui nous ont été tant vantées par des auteurs modernes. Pour bien faire comprendre la constitution de la Suède, nous croyons faire plaisir à nos lecteurs en extrayant ce court tableau d'une curieuse notice sur le soldat couronné. (1)

» Nul n'est admis en Suède à faire partie de la représentation
» nationale s'il n'est noble (le roi fait des nobles à volonté),
» prêtre (le roi est le chef visible de l'église Suédoise), bour-
» geois, c'est-à-dire, habitant une ville et exerçant le commerce,
» ou faisant partie d'une corporation industrielle, et enfin paysan,
» c'est-à-dire, propriétaire du sol, domicilié dans le canton de
» l'élection, et cultivant de ses mains ses propres terres; d'où il
» suit que tous ceux qui ne rentrent dans aucune de ces quatre
» catégories, c'est-à-dire, les gens de lettres, les artistes, les sa-
» vants, les hommes d'affaires, les hommes de loi, les capitalistes,
» les propriétaires de mines, de forges et d'usines situées hors de
» l'enceinte des villes, les fermiers, etc., etc. ne possèdent aucun
» droit politique et sont exclus de la représentation nationale. »

On voit qu'il y a loin de cette constitution à la monarchie entourée d'institutions républicaines, que quelques auteurs prétentent être établie en Suède.

Ce fut le 8 mars 1844, à trois heures et demie de l'après midi,

(1) *Biographie des hommes célèbres*, par un homme de rien.

que Bernadotte rendit le dernier soupir après une maladie longue et cruelle : il était âgé de 81 ans, un mois et douze jours.

Son fils est monté sur le trône, sous le nom d'Oscar, sans que les Suédois aient paru vouloir attaquer la légitimité de ses droits. On demanda seulement qu'il prêtât le serment exigé par la résolution de la diète du 2 mai 1810, de gouverner les deux états d'après leurs lois fondamentales et l'acte de gouvernement accepté par la diète de Suède et le Storthing de Norwège en 1815. Oscar 1ᵉʳ a quarante-quatre ans et demi, il est généralement aimé et tout fait présager que la famille de Bernadotte, assise sur le trône de Suède par la libre élection de tout un peuple, s'y maintiendra. Le nouveau prince royal est âgé de 18 ans, sa mère est la princesse Joséphine-Maximilienne-Eugénie, fille du prince Eugène Beauharnais, duc de Leuchtenberg.

Telle fut la vie si agitée de Bernadotte; carrière que de nombreux exploits militaires rendent à jamais glorieuse, mais sur laquelle pèse un soupçon de trahison qu'on ne peut dissiper (1) ; singulière existence cependant : Bernadotte, simple enfant du peuple attaché de conviction à la république, inscrivant sur son bras guerrier et en caractères ineffaçables *la Liberté ou la Mort* ; Bernadotte, poussé par les circonstances, devenu le rival et l'ennemi du plus grand génie militaire qui ait peut-être existé, terminant enfin sa vie sur le trône d'un pays qu'il a enrichi, où il a su faire bénir son gouvernement en même temps qu'il assurait la couronne dans sa famille. Tel fut cet homme dont nous avons cru devoir rapporter les principales actions sans vouloir toutefois les justifier toutes, ni lui jeter aveuglément le blâme et le mépris. Bernadotte, en effet, restera toujours une des grandes figures de cette époque si curieuse à étudier et encore si mal connue.

ACHMET D'HÉRICOURT.

(1) Lorsque Bernadotte vint à Paris, le 11 avril 1814, après l'abdication de Napoléon, il reçut du public, au lieu des témoignages d'estime et même d'affection qu'il avait espérés, des marques d'une improbation générale.

Saint-Pol. — Imprimerie de A. Thomas